마티외 실방데

1969년에 프랑스의 오트사부아 지방에서 태어나, 1996년에 지구내부물리학 박사 학위를 받았습니다.
지금은 지진학자이자 작가로, 꾸준히 지진 연구를 하면서 어린이를 위한 책을 쓰고 있습니다.
마티외의 글에는 다양한 사람들에 대한 애정이 가득합니다.

"책의 기획에 도움을 준 아니 수리오와 아나이스 보줄라드에게 고마움을 전합니다."

페르스발 바리에

1983년에 프랑스에서 태어나, 아미앵 예술디자인학교에서 그래픽을 전공했습니다.
지금은 어린이책과 다양한 매체에 그림을 그리고 있으며, 특히 마티외와 함께 어린이책을 여러 권 만들고 있습니다.

"나의 누이에게 이 책을 바칩니다."

김영신

프랑스 캉 대학교에서 불문학 석사 학위를 받았고, 불언어학 DEA 과정을 수료했습니다.
지금은 도서 기획자이자 전문 번역가로 활동하고 있습니다.
옮긴 책으로는 〈까까똥꼬〉 시리즈를 비롯하여 《한 권으로 보는 어린이 인류 문명사》, 《할아버지는 외계인일지도 몰라!》,
《스피노자와 나》, 《지뢰밭 아이들》 등이 있습니다.

2,556,767번째 지진이 났어요! 마티외 실방데 글 | 페르스발 바리에 그림 | 김영신 옮김

1판 1쇄 펴낸날 2018년 3월 5일 | 1판 3쇄 펴낸날 2020년 9월 15일
펴낸이 이충호 | 펴낸곳 길벗어린이㈜ | 등록번호 제10-1227호 | 등록일자 1995년 11월 6일
주소 04000 서울시 마포구 월드컵북로 45 에스디타워비엔씨 2F | 대표전화 02-6353-3700 | 팩스 02-6353-3702 | 홈페이지 www.gilbutkid.co.kr
편집 송지현 최은영 임하나 이현성 | 디자인 김연수 송윤정
마케팅 오종민 김서연 황혜민 강경선 | 총무·제작 임희영 최유리 정현미 윤희영
ISBN 978-89-5582-440-7 77450

Tout sur les tremblements de terre
Text by Matthieu Sylvander and illustrations by Perceval Barrier
Copyright © 2017 l'école des loisirs, Paris
Korean translation copyright © 2018 Gilbut Children Publishing Co., Ltd.
This Korean edition is published by arrangement with l'école des loisirs through Bookmaru Korea literary agency in Seoul.
All rights reserved.

이 책의 한국어판 저작권은 북마루코리아를 통해 l'école des loisirs와 독점 계약한 길벗어린이㈜에 있습니다.
신저작권법에 의해 한국 내에서 보호를 받는 저작물이므로 무단전재와 복제를 금합니다.

이 책의 국립중앙도서관 출판예정도서목록(CIP)은 서지정보유통지원시스템 홈페이지(http://seoji.nl.go.kr)와
국가자료공동목록시스템(http://www.nl.go.kr/kolisnet)에서 이용하실 수 있습니다.(CIP 제어번호: CIP2018000533)

2,556,767번째 지진이 났어요!

지진학자가 알려 주는 지진의 모든 것

마티외 실방데 글 페르스발 바리에 그림 김영신 옮김

길벗어린이

'흔들리는 대평원'에 강과 선인장과 천막이 있어요.

그리고 지진도 있지요.

'흔들리는 독수리'는 평생 지진과 함께 살아왔어요.
지진이 일어나고, 또 지진이 일어나고, 잇따라 지진이 이어졌지요.
끊임없이 지진이 일어나는 바람에, 언제부턴가 지진의 횟수를 세는 것이
'흔들리는 독수리'의 일이 되어 버렸어요.

2,556,761번째 지진이로군!

가끔은 지진이 일어나고 한참이 지난 뒤에
그다음 지진이 일어났어요.
또 가끔은 '흔들리는 독수리'가
지진이 일어난 횟수를 칼로 새겨
기록할 겨를도 없이 곧바로 다음 지진이
일어나기도 했지요.

쿠르르르퉁

다행히 다음 지진은 곧바로 일어나지 않았어요.
그때, 트럭 한 대가 '흔들리는 독수리'에게 다가왔습니다.

트럭에서 어떤 남자가 내렸어요.

"안녕하십니까, 위대한 추장님! 제 이름은 '밥'이에요."

"후후, 나는 '흔들리는 독수리'이고,"

"얘는 '말하는 태블릿'이오."

"'흔들리는 독수리'님, 이 땅이 누구의 것인지 아십니까?"

"먼 곳에서 온 이방인이여, 이 '흔들리는 대평원'은 전지전능하고 위대한 신, 와콘다의 땅이오."

"그렇습니까? 그 말은 곧…… 누구의 땅도 아니다! 완벽해요!"

남자는 만족한 미소를 띠며, 이 땅에 건설할 도시의 모습을 머릿속에 그려 보았어요.

남자는 하나둘 벽돌을 쌓기 시작했어요. 휘파람을 불며, 아주 빠른 속도로 벽돌을 쌓아 올렸지요.
남자는 기분이 아주 좋았어요. 그는 거대하고 아름다운 도시를 건설할 계획이었거든요.

방금 무슨 일이 벌어진 건가요?

와콘다의 자손들은 그걸 '지진'이라고 부르오.

쿠르르릉, 2,556,763번째 지진!

지진이 자주 일어나나요?

내가 이곳에 산 이후로 지진이 2,556,763번 일어났소. 여기 내가 횟수를 표시해 놨으니, 한번 보시오.

2,556,763번째 지진이라니, 그것 참 난감한 상황이로군요.
남자는 아주 작은 흔들림이라도 건설에는 좋지 않다는 것을 잘 알고 있었어요.
그렇다면 이렇게 흔들리는 땅에 어떻게 튼튼한 건물을 지을 수 있을까요?

'흔들리는 독수리'는 건설이나 건축에 대해서 아는 것이 전혀 없지만, 다행히 '말하는 태블릿'은 만물박사예요!

제가 건축 기술을 특별히 잘 알지는 못하지만,
벽돌을 교차해서 쌓아야 한다는 것은 확실하게 말할 수 있어요.
그건 누구나 잘 알고 있는 사실이에요.

안 돼요 ❌　　　　좋아요 ✅

그리고 벽돌을 철근으로 연결하면, 훨씬 더 견고한 건물을 지을 수 있을 거예요.

이왕 하는 김에 문과 창문들을 건물의 다른 부분들과 연결하면,
지진이 나도 건물은 무너지지 않을 거예요. 형태는 좀 틀어질지도 모르지만요.

추장님의 '말하는 태블릿'은 참 똑똑하네요.
시도해 볼 만한 제안인데요!

'말하는 태블릿'이 다시 설명해 주었어요.

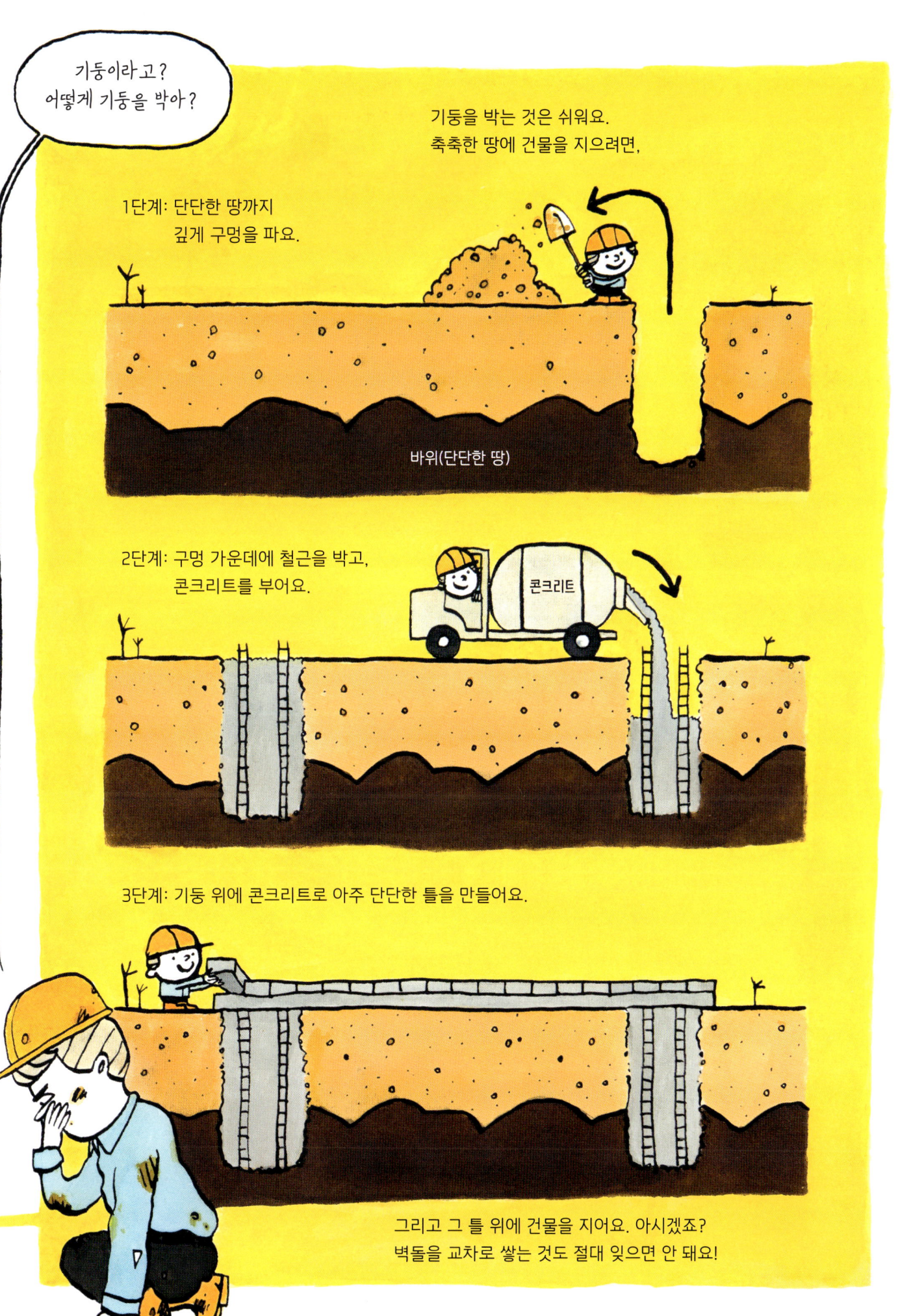

남자는 땅을 파기 시작했어요.

땅 파는 일은 아주 힘들었어요. 시간도 오래 걸렸지요.
게다가 아무 때나 지진이 일어나, 애써 파 놓은 구덩이가 다시 메워졌습니다.

남자는 서서히 짜증이 났어요.

지진에 관해 설명하려면, 기본적인 것부터 시작해야 해요.

지구가 둥글다는 것은 아시죠?

그럼 지구가 초코볼이라는 것도 아시나요?

응, 물론이지.

뭐? 초코볼이라고? 그건 몰랐어.

당연히 진짜 초코볼은 아니에요. 하지만 안에 단단한 헤이즐넛이 들어 있는, 공 모양의 초코볼을 상상하면 이해하기가 더 쉬울 거예요.

초코볼 지구를 반으로 자른다고 상상해 보세요. 지구 중심에는 헤이즐넛과 같은 단단한 핵이 있고, 그 주위를 물처럼 녹은 초콜릿(외핵)이 둘러싸고 있어요. 지구의 중심은 아주아주 뜨겁거든요. 맨 바깥쪽, 즉 차가운 표면의 초콜릿(지각)은 매우 단단해요. 단단한 초콜릿(모호면)과 녹은 초콜릿 사이에는 물렁물렁한 초콜릿(맨틀)이 있어요. 물렁물렁한 초콜릿은 깨지지 않으면서, 아주 천천히 변형될 수 있어요.

매우 단단하다(지각)
단단하다(모호면)
물렁물렁하다(맨틀)
녹아 있다(외핵)
단단하다(핵)

표면의 매우 단단한 초콜릿은 여러 조각의 판으로 쪼개져 지구 전체를 덮고 있어요. 이 판들은 모두 두껍고, 대륙이나 해양만큼 크답니다. 가죽 조각을 여러 개 덧대어 박음질한 축구공 모양의 커다란 초코볼을 떠올려 보세요.

냠냠!

자, 계속 집중하세요. 무척 흥미로울 거예요!

안쪽 물렁물렁한 초콜릿은 표면의 단단한 초콜릿 판 밑에서 움직여요. 이 움직임은 아주아주 느리지만, 매우 강력하지요.

그래서 단단한 초콜릿 판들이 물렁물렁한 초콜릿의 움직임을 따라 이리저리 이동하고, 서로 부딪히지요.

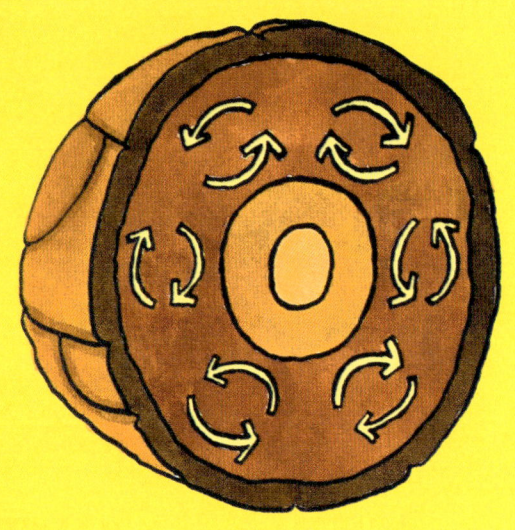
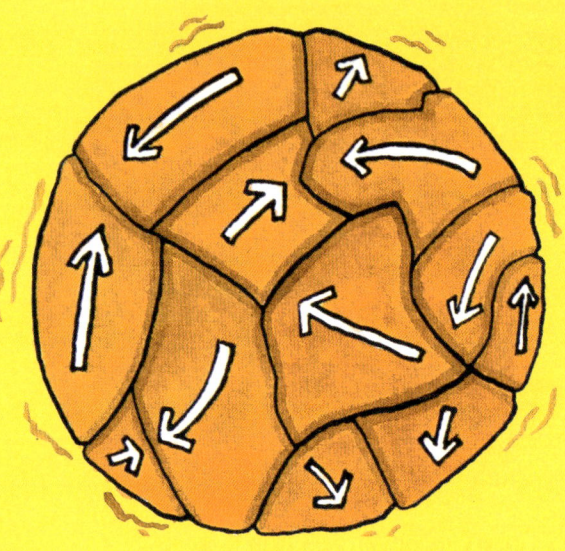

단단한 초콜릿 판을 더 가까이에서 살펴볼까요?
어떤 판들은 서로 갈라지기도 하고,

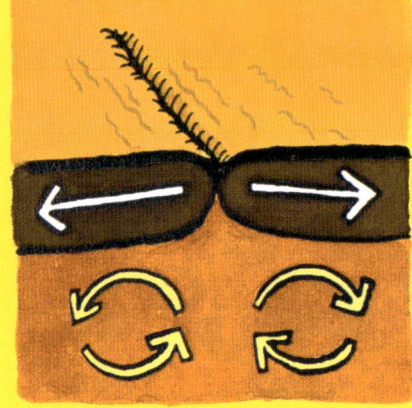

어떤 판들은 어긋나 밀리기도 하고,

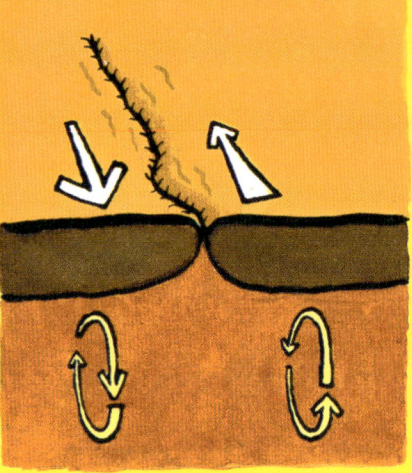

어떤 판들은 다른 판 밑으로 밀려 들어가기도 해요. 이때 밀려 들어가는 것은 차갑고 무거운 판들이에요. 이 판들은 아래쪽에서 물렁물렁한 초콜릿과 섞인답니다.

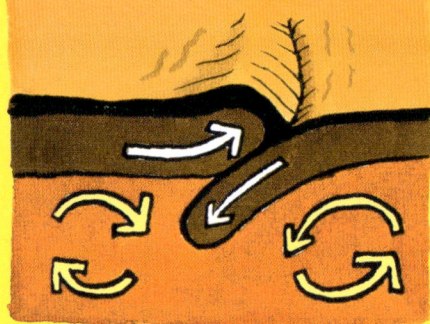

이처럼 판들이 충돌하면 분명 문제가 생기겠죠? 아래쪽 물렁물렁한 초콜릿은 강하게 밀고 당기고, 위쪽 단단한 초콜릿은 있는 힘껏 버틴다고 상상해 보세요.

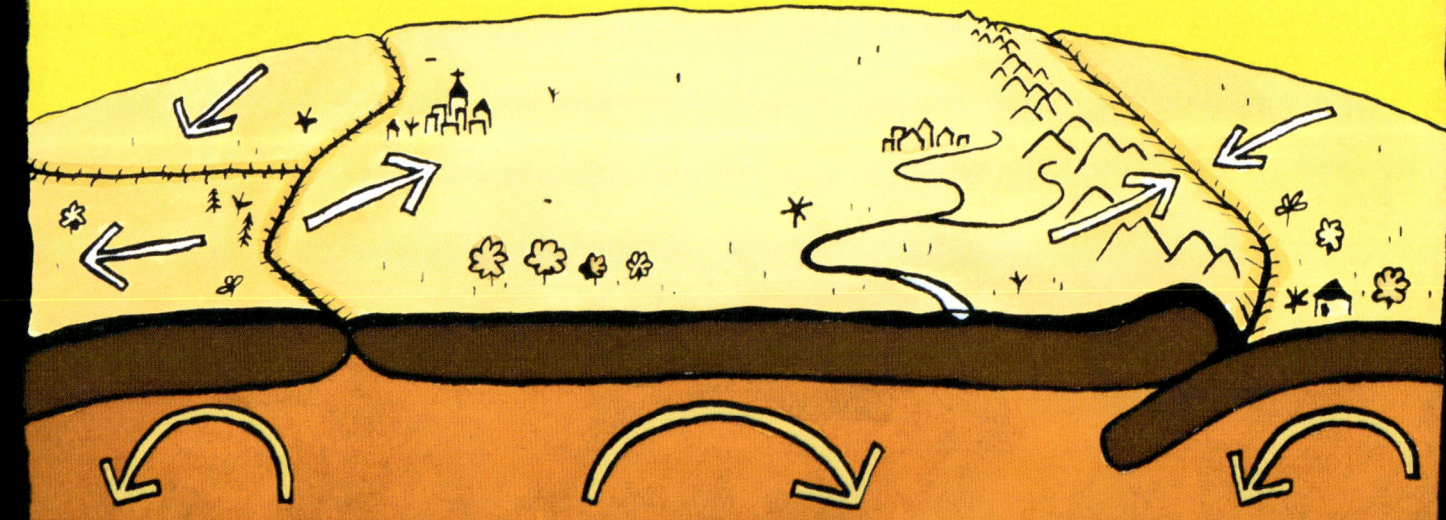

엄청나게 단단한 판이 어느 순간,
'쿠르릉' 끊어지고 만답니다.

그리고 판이 끊어지면서,
땅이 흔들리는 거죠.

이렇게 끊어져서 어긋난 부분을 '단층'이라고 불러요.
예전에 끊어진 적이 있어서 약해진 두 판의
경계면이 다시 끊어지는 경우가 가장 많아요.
이 단층은 앞으로 또다시 깨질 수 있어요.

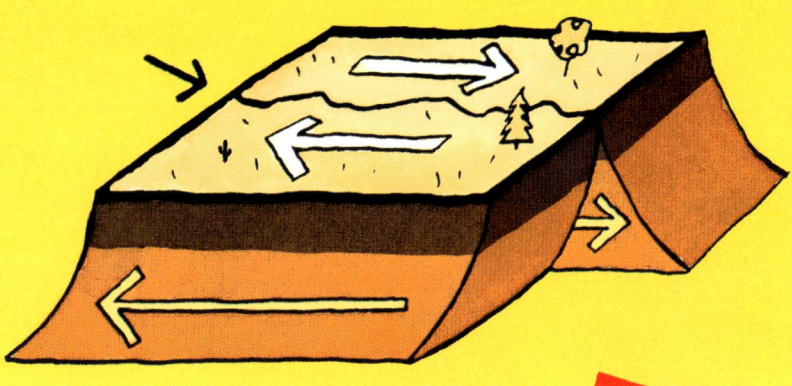

쿠르르릉

아하,
그래서 지진이
같은 장소에서 계속
일어나는 거로군.
그렇지?

그렇다고 볼 수 있죠!
단층은 맞물렸다가 다시 끊어지기도 해요.
끊어진 틈이 깔끔하거나 매끄럽지는 않아서,
다시 맞물릴 때 아귀가 딱 들어맞지는 않지요.
그래서 같은 곳이나 그 주변이 또 끊어지는 거예요.
이런 현상은 수백만 년간 계속 일어날 수 있어요!

남자는 '말하는 태블릿'이 알려 준 대로 했어요.
공사는 빠르게 진행되었어요.

이제 공항을 만들고,

거대한 수족관을 세우고,

자동차 경주장도 짓고,

카지노도 만들어야지!

2,556,766번째 지진이로군.

쿠르르릉

이번에는 건물이 아주 튼튼하게 세워져,
지진이 나도 그저 살짝 흔들리는 정도였어요.

좋아, 좋아. 앞으로 이 평원에
건물 수백 채를 지어도 끄떡없겠어.
저 산 아래까지 건물로 가득 채워야지!

선인장 수프를
만들었는데,
저녁 같이 먹겠소?

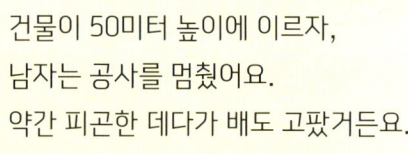

건물이 50미터 높이에 이르자,
남자는 공사를 멈췄어요.
약간 피곤한 데다가 배도 고팠거든요.

남자와 '흔들리는 독수리'와 '말하는 태블릿'이 몸을 피하는 사이,
건물이 요란한 소리와 함께 무너져 내렸어요.

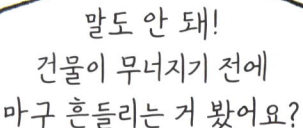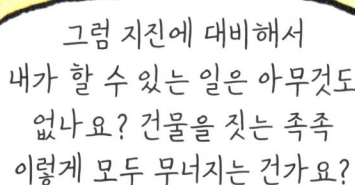

남자는 한동안 아무 말도 하지 않았습니다. 이젠 무엇을 해야 할지 아무런 생각도 나지 않았지요.
남자가 '흔들리는 대평원'에서 해야 할 일은 오로지 도시를 건설하는 것뿐이었으니까요.

그리고 여기에 앉아 풀밭에 불어오는
바람의 노래를 들어 보시오.
일몰을 기다리면서 지진이 일어나는 횟수도 세고,
선인장 수프도 만들고…….

위대한 와콘다는 이 성스러운 땅에
도시가 들어서는 것을 원하지 않소.

그것이 내가 이해한
와콘다의 뜻이오.

이곳에 머물면서 일어나는 일들을 꾸준히
관찰하다 보면, 분명히 괜찮은 생각이
떠오를 거예요. 어쩌면 지진이 왜 일어나는지,
그 비밀을 밝힐 수 있을지 몰라요!

그런 일을 하는 사람을
'지진학자'라고 불러요.

지진을 관찰하고 연구하는 사람이 '지진학자'예요. 이 책을 쓴 마티외는 어린이들을 위한 책을 쓰는 작가이자, 피레네산맥에서 일어나는 지진을 연구하는 지진학자랍니다.
지진을 연구하는 곳이 바로 지진 관측소예요. 마티외는 이곳에서 지진 발생 횟수를 측정하지요.

'흔들리는 독수리'처럼 칼을 사용해 지진의 횟수를 기록하는 건 그저 지어낸 이야기일 뿐이거든요.
또한 지진 관측소에서 지진 발생 횟수를 세는 일만 하는 것은 아니에요. 지진 지도를 만들어 지진들을 비교하고 분석하면서, 왜 다른 곳이 아닌 그곳에서 지진이 발생했는지 그 원인 등을 알아보는 연구도 한답니다.

마티외는 지진학에 대한 강의도 해요. 강의를 하려면, 강의실과 지진에 관심 있는 학생들이 있어야겠지요?

마티외가 지진과 관련된 책을 쓸 때는 공책과 필기도구, 그리고 옮겨 기록할 컴퓨터만 있으면 돼요.

페르스발은 초콜릿을 엄청 좋아하는 일러스트레이터예요. 이 책에 필요한 그림을 그릴 때에는 붓과 먹물과 물감, 종이와 펜을 사용했고, 노란색 글상자에 '말하는 태블릿'의 설명글을 넣을 때에는 컴퓨터를 사용했어요.